VAGINA MANDALAS
POCKET EDITION

VAGINA MANDALAS
POCKET EDITION

Bibliografische Information der Deutschen Nationalbibliothek:
Die Deutsche Nationalbibliothek verzeichnet diese Publikation in der
Deutschen Nationalbibliografie; detaillierte bibliografische Daten sind
im Internet über http://dnb.dnb.de abrufbar.

© 2019 Massimo Wolke
Herstellung und Verlag:
BoD - Books on Demand, Norderstedt

ISBN: 978-3-7494-1014-9